あなたの仕事・人生を好転させる「ファン」のつくり方

あさ出版

はじめに

転職が当たり前の時代になった今、

「終身雇用の時代は終わった」

「自分に合う会社を探しながらキャリアアップしていけばいい」

という考え方が、一般的なように思われています。


でも実際のところ、今働いている会社でさほど経験を積まず、信用やスキルが身についていないにもかかわらず、転職を考える人が多いのが現状です。

その理由は、

「今、しんどいから」

「もっと自分に合うところがあるはずだから」

といったもので、ストレートな表現をすると、

「しんどくて逃げ出したいだけ」

であることも珍しくないのではないでしょうか。

そして、「今は終身雇用の時代ではない」といった自分にとって都合のいい言葉を振りかざし、転職を繰り返す……。

僕は、転職を否定しているわけではありません。

自分にとってのさらなるキャリアアップなどを目指したもので、自分自身が、より幸せになるための手段としてなら、新しい環境で新しい仲間たちと新しい経験を積むことは、長い人生を歩む上で非常に価値のあるものです。

転職とは本来そういうものだと思いますし、そうであってこそ、意味や意義があると言

えるでしょう。

しかし、僕の周りの20代、30代の社会人を見ていると、多くの人が転職を手段ではなく、目的にしてしまっているように思えます。

何より、僕自身がそういう人間だったので、そういった人たちの気持ちはとてもよく理解できるのです。

朝になればいつものように会社に行って、特に好きとも思えない仕事をして、終業時間になったら、また朝と同じ道を通って帰る。

毎日同じことの繰り返しで、特にワクワクすることもない、平凡な日々の連続。

休日になると、何かの答えを求めて書店に行っては、〈自己啓発〉や〈コミュニケーション〉などのジャンルの棚の前をウロウロし、「自分の適性を知る」「人の心をつかむ方法」といった類のタイトルに惹かれて購入するものの、手元にあることだけで満足して、ロクに読まないことも多かったです。

「これだ!」と思ったノウハウ本などを読み込むこともありましたが、頭では理解できても再現性のないものが多く、結局は「できる気」になれただけで現実は何も変わらず、むしろ何も成長していない自分に苛立ちを感じては、仕事の成績が悪いことを会社の上司のせいにして愚痴ったりしていました。

そのような日々を重ねて会社に行くのが嫌になってくると、心の中でこう言っていたのです。

「そろそろ辞めて、もっとええとこ探そかなあ」

そうして、深い考えもなく転職を繰り返していました。

何をしても中途半端で、スキルも信用も上積みされないまま、悶々とした日々を送っていたのです。

そんな、全くイケていないサラリーマンだった20代半ばの自分は、なぜ悶々としていたのかさえ、わかっていませんでした。

自分という人間の長所・短所がどういったものか、自己分析が全くできていなかったのです。

そんな自分が、受注制で乗用車を販売するという、それまでと全く違う会社に転職したことを機に、変わることができました。

受注制なので、目の前には売るべき商品がなければ、お客様もいません。何より、まずは人と会って話を聞いていただく機会づくりをしなければ何も始まりませんから、とにかく自分から動くようになりました。

そうしてたくさんの人と会っていく中で、他者のために役に立つことが喜びと思える、自分の長所にも気づくようになりました。

そのような自信をもとに、しっかりとした関係性を築いていったお客様は、僕を信用して、車を買ってくださいます。

僕は、相互に支え合うファンづくり、つまりギバーの関係性のファンづくりに成功したのです。

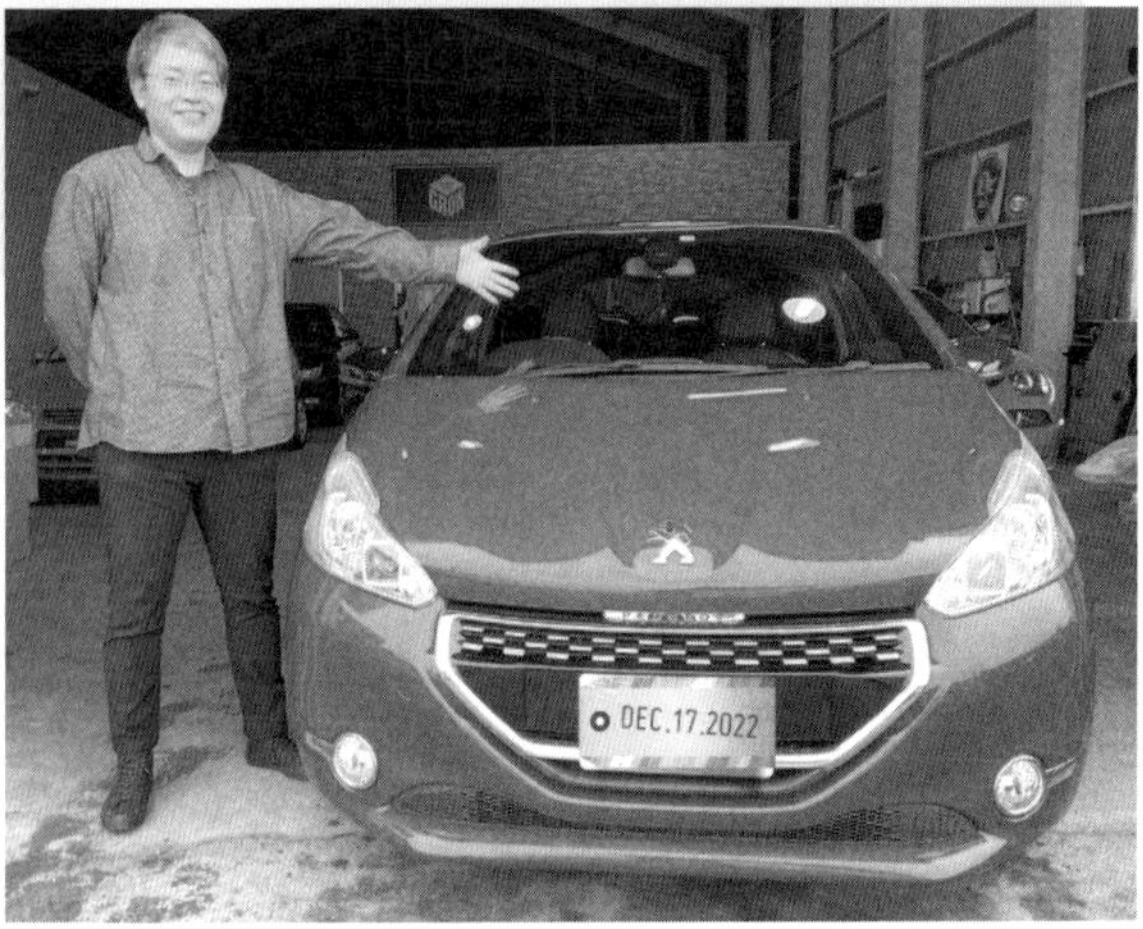

お客様に喜んでいただけることが喜び

そうなると好循環で、さらにお客様との関係性づくりに集中し、真摯に向き合うことで、毎日が活力のある楽しいものになっていきました。

自分の長所＝魅力に気づき、それを活かすことで、毎月連続トップセールスを獲り続けるようになっていったのです。

そうした経験を経て、僕が日々悶々としていた原因は、仕事や会社ではなく、自分自身にあったのだと、気づくことができました。

その後起業し、現在も大切な仲間たちと

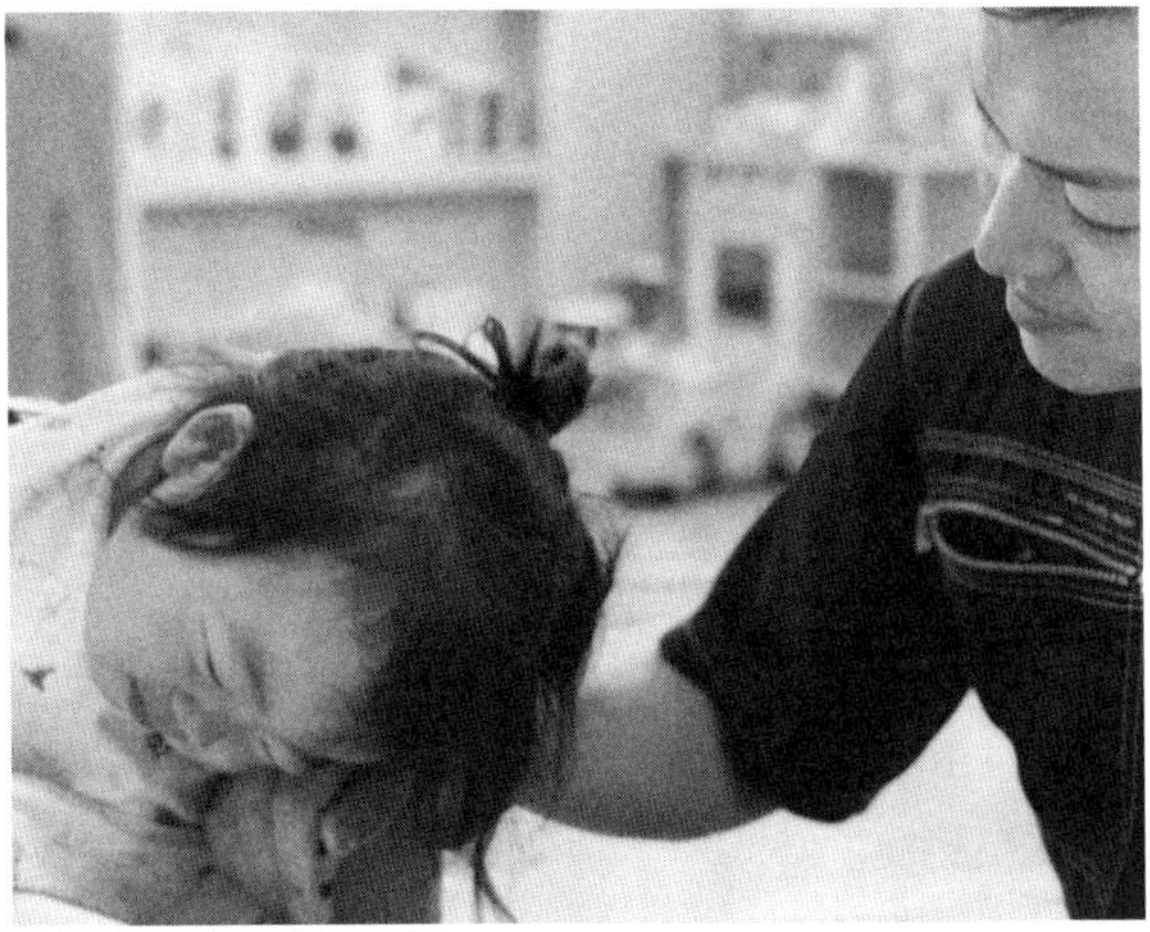

保育園事業は、僕自身の癒やし

さまざまな事業を順調に展開できているのは、ファンをつくり、自分の魅力に気づく方法を手に入れたからに他なりません。

そんな僕自身の経験から、自分の魅力の見つけ方と、他者とともに心豊かに生きていくための方法を、皆さんにお伝えしたいと思います。

お互いを支え合う仲間との時間を大切にしたい

目次

STEP 1

多くの人が〈イケてない自分〉から抜け出す方法を知らない

STEP 2

ファンづくりで自分の魅力が見つかる理由

STEP3

ファンづくりの極意その①「心得編」

STEP4

ファンづくりの極意その②「自分磨き編」

STEP5

ファンづくりの極意その③「関係性構築編」

STEP6

行動と関係性が心豊かな人生をつくる

STEP 1

多くの人が〈イケてない自分〉から抜け出す方法を知らない

自分の魅力を自分で見つけるのは至難の技

まず始めにお聞きしたいのですが、皆さんは、

「あなたの人間としての魅力とは何ですか？」

と聞かれて、すぐに答えられますか？


おそらくほとんどの人が、自分の特技や趣味、がんばって長所・短所は答えることができても、〈魅力〉となると難しいのではないでしょうか。

もちろん、特技や長所が魅力に直結することはあります。

しかし、それをあなたの魅力と感じるのは、あなた自身ではない誰かです。

あなたの特技や長所に限らず、あなたの中の何かを魅力だと感じた他者から伝えてもら

うことで、あなたは初めて自分の魅力を知ることができます。

つまり**自分の魅力は他者によって気づかされる**ため、それを自分で見つけるというのは、限りなく難しいことなのです。

うまくいっている人は「やりたいことをやっている」という勘違い

あなたの周りにも、仕事もプライベートも順調そうで、いつも輝いているように見える人がいるかと思います。

「きっと、何の迷いもなく、自分のやりたいことをやっているのだろうなあ」

と、羨望のため息をもらすこともあるのではないでしょうか。

しかし、どんなにうまくいっているように見える人たちも、必ずしもやりたいことだけをやっているわけではないものです。

僕自身、まあまあ順調な事業の経営者という立場でありながら、やりたいことをやっているという自覚はありません。

「やりたいことが特にないけれど、うまくいっている」

という表現が、僕にはいちばんしっくりきます。

そんなことを言うと、僕の周囲から、

「あなたは好きなことをしているじゃないか！」

と思われるかもしれません。

でも本当に、僕自身が特に〈やりたいこと〉はないのです。

ただ、好きな人たちといろいろやっていくことが楽しいということは言えます。

僕の場合は、**何をやるかより、誰とやるかが重要**なのです。

「やりたいこと」「向いていること」探しの罠

「特にやりたいことがない」

「自分に向いていることがわからない」

そんなふうに自分のやりたいこと探しに悩んだり、自分の適性を見極めようと躍起になっている若い人たちは、少なくありません。

前述のとおり、うまくいっている人は〝やりたいことをやっているからだ〟と考えて、

「自分も何かやりたいことを見つけなければならない!」

「やりたいことをやれば幸せになれる!」

と思い込んでいる人が、とても多いように感じます。

それと同様に、
「自分に合う企業に勤めれば、明るい未来が待っている」
と、企業との相性や適性を知ることが重要だと考えている人も多いでしょう。

しかし、実際に**やりたいこと探しをしている間は、それは見つかりません。**

やりたいことや自分に合う企業を求めている状態というのは、そうすることで〈いつか〉うまくいくと思っているので、今、目の前にある物事に対して本気になれないのです。

常に漠然とした理想を追っているだけでは、いつまでたってもやりたいことも見つからないし、自分に合った企業も見つかりません。

なぜかうまくいく人にはファンがいる

僕自身がイケてないサラリーマンだった頃、いつも、何かと「うまくいっている」友人がいました。

一見、特別優れた能力があるようには見えない、ごく普通の彼でしたが、仕事もプライベートも順調で、常に楽しそうにしていました。

それがなぜなのか、当時はよくわかりませんでしたが、後になって思えば、彼はいつも真剣に僕の話を聴いてくれて、僕が困った時には全力で助けてくれる人でした。

困っている人を助けたり人を楽しませたりすることが大好きな彼は、お笑いのセンスこそないものの、僕を含めた友人みんなから、とても好かれていたのです。

彼が何かをするという時には、みんなが全力で応援していました。

つまり、彼のファンになっていたのです。

うまくいく人には、ファンがいる。

ファンがいれば、ビジネスにしても新しいチャレンジにしてもうまいくという法則があったのです。

STEP2

ファンづくりで自分の魅力が見つかる理由

自分の棚卸しには限界がある

やりたいこと探しに囚われている人というのは、ほとんどが学生や社会人経験の浅い、若い人たちだと思います。

そうした人たちにお伝えしたいのは、これまでの自分自身の経験を棚卸しして、そこからやりたいことや仕事を見つけるというのは、無謀だということです。

というのも、そもそも経験値が少ない人が、その数少ない過去の経験から自分のやりたいことや合っていることを見つけるのは、限界があるからです。

例えばこれまでアルバイトでレジ打ちしか経験したことのない人が、自分は営業が向いているのか技術職が向いているのかなんて、判断できるはずがありません。

まずは、経験です。

身近な過去から掘り起こすだけではなく、新たな何かに挑戦したり、目の前のことと真剣に向き合ってみるほうが、遠回りなようでいて一番の近道になるでしょう。

ファンをつくれば あなたの魅力が見えてくる

先に、「なぜかうまくいく人にはファンがいる」というお話をしました。

「なぜ、ファンをつくればうまくいくのか？」

この疑問について、もう少し考えてみたいと思います。


そもそもファンとは何か？

簡単に表現すれば、「あなたのことを好きで、応援してくれる人」です。

ファンは、あなたに魅力を感じているから、あなたを応援しているわけです。

ということは、**あなたに、あなたの魅力を教えてくれるのは、ファンという他者の存在**なのです。

例えば、あなたの好きなアーティストや芸能人を思い浮かべてみてください。

その人を好きになった理由は、

「容姿が好みだったから」

「音楽性が好きだから」

「演技がうまいから」

など、いろいろあるかと思います。

そうしたファンの存在によって、自分の魅力とは何なのかが見えてくるものです。


しかし、ここで言う魅力は、ほんのキッカケにすぎません。

本当のあなたの魅力というのは、さらに深い、〈本物のファン〉をつくることによって、さらに明確なものとして見えてきます。

ファンの本質

先程、ファンの存在によって自分の魅力が何かが見えてきて、本物のファンをつくることによってさらに明確になると言いました。

では、本物のファンとは何か？

ファンの本質は、「応援する」といった他者目線の感覚ではありません。

他人ごとではなく自分ごとになっているかどうか。

当事者意識になっているかどうか。

例えば、「友達が頑張っているから応援してあげたい」という気持ちや感覚というのは、まだ他人ごとの域を出ていません。

しかし、

「家族が頑張っているのだからどうにかしないといけない」

という気持ちや感覚は、自分ごとになっています。

おわかりいただけるでしょうか？

つまり、あなたのことを、自分のことのように思って行動してくれる人というのが本物のファンであり、「一緒にやっている」という感覚、一体感がファンの本質なのです。

そうした本物のファンこそが、あなたに、あなたが持つ本当の魅力に気づかせてくれる存在となります。

「何をやるか」よりも「誰とやるか」

「何をやるか」を追い求めたら、心底楽しいと思える日が来るでしょうか。

僕は、そうは思えません。

例えば、あなたの趣味がスノーボードだとしましょう。

そのスノーボードに、あまり親しくない人と一緒に行くのと、何もない公園で恋人と一緒に過ごすのとでは、断然後者のほうが楽しいのではないでしょうか。

少し極端な例だと思われるかもしれませんが、実際のところ、どれだけ自分が好きなことをしても、誰とやるかで、その楽しさは変わってくるでしょう。

僕は、現在、自動車の事業以外に保育園とスポーツジムの運営にも携わっています。

保育園事業を始めようと思ったキッカケは、当時自動車の営業と事務を兼任してくれていた女性スタッフが、お店に来てくださるお客様のお子様と接している時、とてもイキイキとして輝いていたことです。

彼女なら、必ずファンがついてうまくいくという確信があったので、保育園を開園するという構想ができました。

その見立て通り、彼女に共感するスタッフにも恵まれ、幸せな保育園運営をさせていただいております。

保育園を開園した翌年に、「僕自身のやりたいこと」として始めたのが、スポーツジムでした。

プロの選手をトレーナー兼責任者として雇用し、事業をスタートさせたものの、彼と僕の考え方や価値観が合わず、うまくいきませんでした。

その失敗の原因は、「誰とやるか」よりも「何をやるか」を優先で進めてしまい、やりたいことに人を当てはめようと思ったからに他なりません。

まさに、「やりたい」から始めて失敗した例です。

その後、新しいトレーナーのもとでジムをリニューアルし、軌道に乗ってきたので経営権を譲渡、オーナー兼アドバイザーとして、良好な関係性で運営できています。

遊びも仕事も同じで、**「何をやるか」以上に「誰とやるか」を考えたほうが、何ごともスムーズで満足できる結果になる**と思います。

STEP3

ファンづくりの極意その①
「心得編」

〈下心あり〉から始まってもいい

「人間関係は下心ありから始まってもいい」

と言うと、何だか計算高い人間のように思われるかもしれません。

しかし、ここでいう〝下心〟は、あくまでもキッカケです。

僕が在庫を置かない中古車販売店で営業マンだった頃、目の前に商品がない中で購入を決めていただくためには、まずはお客様との信頼関係を築かなければなりません。

営業マンとして数字が欲しい僕は、

「自分から車を購入してもらおう」

といった下心を胸に、たくさんの人に会いに行きます。

そうして人と出会い、そこから信用を得て、関係性ができていき、車を買ってもらえるようになっていくわけです。

後になって思えば、下心があったからこそ、相手を思いやることができたのだと思います。

「この方のお悩みは?」

「言葉の奥に隠されている、真意は?」

と、会話中、真剣に向き合い続け、その結果、ご購入へと繋がっていったのです。

突然ですが、ここであなたに質問です。

あなたとの関わりがごく薄い人が何か悩んでいたとして、あなたは自分の時間を割いてその人の悩みに耳を傾けようとするでしょうか?

その人の話を聞いたからといって、あなたに特にメリットはありません。

頼りにされたなら、一応話は聞くと思いますが、本当に親身になって接することができるでしょうか?

正直なところ、なかなか厳しいのではないでしょうか?

でも、

「話を聞いてくれたら謝礼をお支払いします」

となったら、話は違いますよね。

そんなふうに考えると、見返りなしでは動かない、小さい人間で恥ずかしいといった気持ちになるかもしれません。

しかし、背景はどうあれ、あなたが話を聞いてくれたことによって相手が救われるとしたら、十分、立派なことだと思います。

下心がキッカケであっても、相手の役に立ったり、相手を喜ばせることができるのです。

人との関わりのキッカケは、下心ありきでもいい。

キッカケをつかむことが、大切なのです。

POINT

〝下心〟こそ関係性を深める最大のキッカケ

下心ありきでも、人の役に立てる

みんなに好かれなくていい

誰でも、嫌われるよりも好かれたいと思うのが一般的でしょう。

特に日本人は、幼い頃から、周りに合わせて生きることが正解として育てられてきています。

そうした環境によって、「皆と仲良くしなければならない」といった〝空気を読んで行動すること〟が当たり前となり、学校やその他のコミュニティーでも、「嫌われると仲間外れにされるかもしれない」という恐怖心が邪魔をして、本来の自分らしさや考えを主張できないまま、周りに合わせてしまっている人が多いと思います。

いわゆる同調圧力ですよね。

しかし、自分に嘘をついて、周りに合わせながら自分らしく生きることなんて、できるでしょうか？

そもそも、そんな人生、楽しくないでしょう。

例えば自分はピーマンが嫌いなのに、周りが「ピーマンは栄養があって、好きだ」と言えばそれに合わせてしまう。

まあ、食べものぐらいでしたら、そんなに神経質にならなくてもいいかもしれませんが、簡単に嫌いなものを好きなものに変えることなどできません。

そして、**どう頑張っても気が合わない人もいれば、自分とは価値観が合わない人もいる**のです。

そんなあなたを見て、離れる人もたくさんいるでしょう。

それでもあなたを信頼して、仲良くしたいと思ってくれる人は必ず現れます。

どれだけ人気があって、万人から好かれそうな有名人にも、アンチは存在します。

万人から好かれるような人を、それゆえに嫌うという人は、必ず存在するものです。

そのように、こちらの努力ではどうにもならない他者の感情や、他者からの評価に意識を奪われて生きることは、非常にバカらしく、もったいないことなのです。


あなたが自分に嘘をつき続けている間は、あなたを心底信じてくれる人は現れません。

良いも悪いも、本心をごまかさない。

不特定多数の〈誰か〉に嫌われないことよりも、大切な人から信頼され、その関係を守る努力をするほうが、心は満たされます。

POINT

大勢の友達は要らない。たった一人の親友を大切にする
あなたの魅力は、あなたにとって大切な人が教えてくれる

素直さに勝る武器はない

「素直さが大切」

と、子どもの頃からよく言われてきました。

しかし、「素直になる」というのは、簡単なようで実は非常に難しいことではないでしょうか。

人には考え方の癖《くせ》や思い込みがあるので、それらが邪魔をして、他人の助言をスッと受け入れられないことが、日常生活の中でもたくさんあります。

例えば、僕が代表を務める欧州車専門店フロンティア・コバヤシの場合、こんなことがありました。

これまではお客様から修理のご依頼があれば、全て自社の整備士によって修理していたのですが、ある時僕が、【依頼された作業を外注し、作業が完了したら自社にて再度点検してからお客様に納車する】というやり方に方針を変えることをスタッフに伝えました。

すると、

「信頼して作業を依頼してくださっているのに、外注なんて申し訳ない」

「もしミスがあった場合、誰が責任を取るのか」

と、スタッフからは反対の声が上がりました。

このように**経験を積めば積むほど、これまでの経験則や常識から物事を考えるようになる**ので、変化を素直に受け入れられないというのが普通だと思います。

しかしこの変更により、作業を外注化したことでWチェックが徹底され、スピードも上がり、以前のようにお客様をお待たせすることもない上に、作業ミスや見落としがなくなりました。

さらには、残業や休日出勤もなくなり、回転率が上がったことで非常に効率が上がり、収益も伸び、お客様、スタッフ、会社の三方にとって良くなったのです。

まず受け入れてやってみることで、〝これまでの常識が変わり改善された〟という一つの事例です。

他にも、例えば、仕事でミスをした部下や後輩にアドバイスをした際、ひたすら言い訳をされたらどうでしょう?

そのような人に対して、「また教えてあげよう」という気持ちになるでしょうか?

逆に、素直にミスを認めて、改めようとする部下がいたらどうでしょう?

もっと教えたくなるでしょうし、チャンスも与えてあげたくなります。

そうすると、それだけチャレンジの機会が増えるので、成長するスピードも早くなります。

素直さが、運を引き寄せることに繋がっていくのです。

人生には、自分の努力や実力だけではどうにもならないことがあります。

それが〝運〟です。

皆さんの周りにも、

「あの人は、何でいつもうまくいくのだろう?」

という人はいませんか?


そうした人は、総じて運が良い人です。

〝たまたま〟ではなくて、これまで自分の人間性を磨き、信頼を積み上げてきたからこそ手に入れた幸運。

人間性が引き寄せる運です。

だからこそ、「素直さ」は非常に大きな武器となるのです。

POINT

まずは受け入れる姿勢で
素直さは運を引き寄せる

与えない限り幸せはない

「ギブ＆テイク」

という言葉に、馴染みのある方は多いのではないでしょうか？

しかし、〝ギブ＆ギブ〟という言葉は、耳にしたことはあっても、あまり馴染みがないかもしれません。そうしたギブ＆ギブやギブ＆テイクについて詳しく書かれた書籍があるので、少しご紹介させてください。

アダム・グラント著、『ＧＩＶＥ ＆ ＴＡＫＥ「与える人」こそ成功する時代』（三笠書房）。

著者は、

・他者に惜しみなく与える人↓ギバー

・自分の利益を最優先させる人→テイカー
・貸し借りのバランスをとろうとする人→マッチャー

として、それぞれの特徴や、ギバーが都合よく利用されないための方法なども書かれているので、ギブ&ギブの本質を知りたい方に、ご一読をお薦めします。

自ら他者に与えることで自分も後から与えられるといった〝先義後利〟的な意味合いもありますが、**ギブ&ギブの真意は、与えることで自分も与えられているということ**なのです。

会社での採用面接の際に、僕が必ず聞くことがあります。

僕「給料は、いくら欲しいですか?」
相手「えっ、お金はあればあるほど嬉しいです」
僕「それはなぜでしょう?」

相手「お金があれば生活が安定しますし、欲しいものが買えるので」
僕「もし腐るほどお金を手に入れたら、何を購入されたいですか？」
相手「今は車と鞄が欲しいです。あとできれば服も」
僕「他には？」
相手「家が欲しいです！　あとは旅行に行きたいです。海外とか」
僕「なるほど。他には？」
相手「他ですか……腐るほどあるのであれば毎日外食したいです。あと投資しますね」
僕「腐るほどお金があるので、投資はしなくても大丈夫ですよ」
相手「あ、確かにそうですね」
僕「まだまだお金はあります。どうされますか？」
相手「……別にそこまでのお金は要らないです（少し怒り気味で）」
僕「でも、あればあるだけ欲しいんですよね？」
相手「いえ、そこまでは要らないです。持てるはずがないので。普通に不自由なく暮らせて食べたいものを食べたい時に食べられたら、それでいいです」
僕「そこまでは要らないですか。ちなみに腐るほどあれば最終的にどうされますか？」

相手「（まだ聞くのかという表情をしながら）誰かにあげます。困っている人とか。孤児や障害者や高齢者に、寄付します」

といったやりとりになることが大半です。

このやりとりを見てお気づきの方もいらっしゃると思いますが、ほとんどの人が、お金は欲しいけれど、そこまで深く考えてはいません。

そして、最終的には他者のために使いたいという回答に至るのです。

少し角度を変えた例でいいますと、自分に大好きな恋人がいた場合、誕生日などにはサプライズをして喜ばせたいという気持ちがある人は、多いのではないでしょうか。

恋人が喜んでいる姿を見て、むしろ自分のほうが喜んでいることに気づきます。

この場合、先義後利というよりも、**与えることで〝共に幸せになることの幸せ〟が、ギブ＆ギブの真意**であるということです。

『聖書』にも「受けるより与えるほうが幸い」と記されています。
自ら他者に与えない限り、本当の幸せはないのです。

POINT

人は、与えることで幸せになる
与えられることばかりを考えているうちは幸せになれない

人脈よりも絆をつくる

「人脈」という言葉を聞くと、〝たくさんの人と繋がりがある〟、〝知り合いにすごい人がいる〟といったイメージが浮かんでくるのではないでしょうか？

特にビジネスの上では、多くの人脈をもっているほうが学ぶこともたくさんあり、多くの仕事に繋がるのではないかと、異業種交流会や経営者の集まりに参加する人も珍しくありません。

僕自身、（在庫のない）中古車販売店で勤務している時は、車好きな人・顔が広い人の人脈をつくることに躍起になっていました。

しかし、人脈を広げようとすればするほど、相手に嫌われないための会話になり、〝浅く広く関わる人〞を増やすだけで、なかなか深い関係にはなりませんでした。

それよりも、昔からの知人との関係を深め、絆を築いたほうが、紹介が紹介を呼ぶカタチで仕事にも繋がり、学びも多くなりました。

つまり、表面だけの人脈には、何の意味もなかったのです。

今でいうところの、〝友達〞や〝フォロワー〞の数が可視化されたSNSも同様で、数が多いことに安心感や優越感を抱く人も珍しくありません。再生回数を伸ばすことに囚われているユーチューバーなども、同じでしょう。

しかし、実際にそうしたフォロワーたちが、自分が悩み、苦しい時に助けてくれたり、仕事を依頼してくれたりするかといえば、それはほとんどありません。

確かに、人脈をつくることで利点もあるでしょう。

でも、それ以上に大切なことは、〝絆〟をつくること。

質より量の人脈づくりに時間を割くのではなく、上質な絆づくりに大切な時間を費やしましょう。

POINT

質より量の人脈づくりは意味がない
上質な絆が人生を豊かにしてくれる

合わないことはしなくていい

人には得意・不得意、好きなこと・苦手なことなど、いろいろあると思います。営業が好きで得意な人もいれば、苦手という人もいるでしょう。

僕の場合、自動車の修理や販売を主とした事業を運営していますが、実はものすごく手先が不器用です。

頭の中で車の構造は理解していても、〝知っている〟と〝できる〟が異なるように、実際に修理作業をするとなると、うまくできません。

ヘッドライトを交換するためにコネクター（接続部分）を外そうとしたら、その部分が砕けてしまったり、オイル交換をしようとボルトを外そうとしたら折れてしまったり……。

新品のルームミラーに交換しようとして、そのミラーを折ってしまったこともあります。それほど不器用なんです。

今は、そうした作業は、全て専門の整備スタッフに任せています。

結局のところ、苦手なことを一生懸命に努力してやったところで、好きで得意な人には敵《かな》いません。

精いっぱい頑張って、なんとか平均点を取れるくらいのレベルになるだけでしょう。

それなら、**自分の得意なことや好きなことに注力し、伸ばすように努めたほうがいい**でしょう。

僕の場合は、中古車オークション会場の検査員時代に培った車の目利きと、他者と関係性をつくることです。

そう割り切ってから、注文販売（先に注文をいただき車をオークションで落札してお客様に販売する方法）が増えてキャッシュフローが安定し、利益率が大幅にアップしました。

さらに、仲間との関係性をじっくり育んできたことで、スタッフの適性を軸とする事業の多角化にも成功しました。

POINT

苦手なことを無理に頑張っても、他人に喜ばれる力にはならない
得意なこと、好きなことに注力する

逃げ癖をつけると終わる

現在は終身雇用の時代ではなく、さまざまなキャリアを積んで、キャリアアップしていくことが当たり前の時代になっています。

〝転職〟も、以前のややネガティブなイメージが、むしろポジティブなものへと変わってきています。

しかし、転職の全てがそうではありません。

僕は20代の頃から、自分に合わないと思った会社はすぐに退職し、新たな勤務先を求めては職を転々としていました。

いわゆる〝逃げ癖〟がついてしまっていたんですね。

ここでいう〝逃げ癖〟とは、「今の仕事や職場が嫌だから転職したい」という、シンプルに〝現在置かれているところから逃げたがること〟を指します。

以前の僕は、転職をして職場を変えることで、環境も変わり、明るい未来が待っているかのように思い転職をしていたのですが、その目的や理由が、〝転職をすることでさらなるスキルを身につけてキャリアアップしたい〟というポジティブなものではなく、〝今の会社は合わない〟、〝自分に合ったところに行きたい〟といった〝とにかく逃げたい〟が動機のものでした。

その時は「新しいことに挑戦したい」など、それらしい理由を言うのですが、本心は今の会社を辞めたいだけでしたので、結局は転職しても数カ月もすれば同じようにまた逃げたくなるのです。

もちろん、現在の勤務先がブラック企業であれば、すぐにでも転職したほうがいいと思いますし、やりたいことがあり、キャリアアップになるのであれば、転職することをオススメします。

しかし、明確でポジティブな転職理由がなく、転職そのものが目的になっている場合は、現状から逃げ出しているだけで、何度繰り返しても何も変わらないだろうということをお伝えしたいのです。

何も変わらないどころかキャリアダウンになり、雇用してくれるのはブラック企業のようなところばかりで、年を重ねるごとに信用も収入も上がるどころか下がるのです。

それとともに、自信も失っていき、公私共に行き詰まってしまう……。

といったことにならないためにも、ブラック企業でない限り、**まずは任された仕事を全力でやってみることをオススメします。**

そうすると、結果がどうであれ、周りのあなたに対する評価や見る目が変わります。

あなたが変わることで、周りが変わります。

POINT

逃げていてはジリ貧になる
あなたにとっての良い環境は、あなた自身がつくれる

ウサギになるな、カメであれ

会社や学校、さまざまなコミュニティーには、多様な価値観をもつ人がいます。

だからこそ、自分の価値観を発信すると、否定的な反応を示す人や、自分の価値観を押しつけてくる人もいます。

芸能人がＳＮＳで叩かれたりしていることもよくありますが、人は批判され続けると、自分の価値観が正しいかどうかに疑問をもってしまうこともあります。

僕自身、さまざまな場面で批判された経験がありますが、僕はそうした批判をする人たちのことを〝ウサギ〟と呼んでいます。

ここでいうウサギは、「ウサギとカメの話」に出てくるウサギで、常に自分とカメ（他人）とを比較しては、周りの目ばかり気にして、自分がいかに優れているかをアピールしたり、マウントを取ったりする人のことです。

他人と比較することで安心する人は、自信がない人ということになります。

外野のウサギは、

「業界でそれをすることはオカシイ」

「その考え方は間違っている」

といったように、好き勝手なことを言ってくるかもしれません。

しかし彼らは、あなたの人生を保証してくれたり、助けてくれたりする存在ではありません。

他人の意見に耳を傾けることは大切ですが、それはあくまで他人の意見にすぎず、無責任な発言です。

自分の大切な人生を他人に振り回されるなんて、あまりにもったいないことです。

周りと比較せず、自分を信じ、ゴールに向けて一生懸命に努力するカメでいたいものです。

POINT

表面的なことを他人と比較するだけ無駄
自分の人生を懸命に生きよう

STEP4

ファンづくりの極意その②「自分磨き編」

自分時間をつくる

時間というものは、意識的につくらなければならないものです。

おそらく皆さんも実感があると思いますが、何かを始めようと思っていても、

「時間ができたらやろう」

と思っているうちはできないものです。

毎日自宅と会社の往復で、頭の中は常に仕事のことでいっぱいだったり、子育てに追われていたりと、自分のために時間をつくることは、後回しになりがちです。

〝自分時間〟といってもピンとこないかもしれませんが、まずは、自分が楽しむための時間です。

例えば、ゴルフが趣味ならゴルフをする時間、音楽鑑賞が好きであれば、ゆっくりと音楽を楽しむ時間をつくるのもいいでしょう。

そうした時間を持つことで、心身ともにリフレッシュできます。

そして、僕が思う〝自分時間〟とは、そうした趣味以外で、自分自身と向き合う時間のことも指します。

日頃忙しい生活を送っているとなかなか難しいことなので、意識的に時間をつくる必要があります。


自分に問いかけ、答えるための時間です。


「自分は、誰を幸せにしたいのか？」

「3か月後に死ぬとしたら、どう生きたいか？」

など、今自分が取り組んでいることや自分の人生について、〝死〟から逆算したり、自分の本当の喜びとは何かを、自分自身に問いかけるのです。

この時、そのための環境づくりも大切になります。散歩しながらなのか、コーヒーを飲みながらなのか、音楽を聞きながらなのか、人それぞれ異なるでしょう。

この自己内対話を習慣化している人は、人生を生きていく上での自分軸を持っています。自分軸のある人は、周りに流されたり、目的を見失うことなどがありません。

逆に自分軸のない人というのは、周りの意見に流されたり、周りの評価を気にしてしまうため、ブレやすくなります。

自分軸をつくるためにも、日々自分時間をつくることが大切なのです。

POINT

自己内対話をする
自分軸をつくる

自分の「好き」を追求する

趣味や特技がある人は、それらを追求するのもいいでしょう。

これといったものがなくても、

「何をしている時が楽しいか？」

「どんな時に自分はワクワクしているか？」

を考えると、自分の〝好き〟が見えてきます。

人は好きなことをしている時・考えている時、プラスのエネルギーが出ています。

人が好きなことに没頭している姿は、周りに勇気やワクワクを与えるだけでなく、その人と「関わりたい！」「応援したい！」と思わせるパワーがあります。

よく「楽しそうなところに人は集まる」と言いますが、まさにそれと同じで、好きなことをしていると、人が集まってくるのです。

人が集まると、あなたにとって必要な情報、タメになる情報も集まってきますし、あなたが困った時に、その力を発揮してくれる人も現れるでしょう。

他者にはないあなただけの〝好き〟を追求すればするほど、代わりが利かない唯一無二の存在になることができます。

その〝好き〟はアナタ個人のための力ではなく、誰かを救う力になるかもしれません。

好きだからこそ伸ばせるし、好きだからこそ楽しい。

そんな自分の〝好き〟を追求することによって、「あなたじゃなきゃダメだ！」という存在になっていけるのです。

POINT
特技や好きなことを伸ばす方法を考える
〝好き〟は、仲間をつくる

発信してみる

今はSNS時代なので、TwitterやInstagram、YouTubeで発信をされている人も多いでしょう。

中には、登録して見るだけの〝見る専〟と呼ばれる人や、そもそもSNSはしないという人もまだまだ多いかと思います。

僕もInstagramとブログ、Facebookしかやっていませんが、それでも発信をすることの重要性や素晴らしさを強く実感してきました。

とにかく声を大にして言いたいのは、「発信しないのはもったいない！」ということ。

あなたが何かビジネスをしていたとして、どれだけ良いサービス、良い商品を販売していても、世の中に認知されなければ何の意味もありません。

「良いものは黙っていても売れる」というのは提供者の傲慢でしかなくて、そもそも知られていないのに売れるはずがないのです。


また、発信することによって、仲間や応援者が現れます。

これは僕自身の実体験としてあるのですが、ブログやInstagramで発信していた内容をキッカケにお客様として来てくださったり、「ここで働きたい！」と、従業員として新しい仲間が来てくれたことも多々あります。

それに、発信することで自分の頭の中も整理されるので、これによって自己内対話と同様に自分軸ができていくのが実感できます。

見てくれている側にも僕の軸、つまりは譲れない価値観が伝わるので、自分と関わる人とのギャップが非常に少なくなります。


「アウトプットすれば良いインプットがある」

と言われますが、まさにその通りで、自分の考えや行動をアウトプットすることで、自分が到達したい目標に必要な情報や人が新たに入ってくるのです。

「ネタが思い浮かばない」という人や、「自分を出すのは恥ずかしい」という人は、顔を出さなくてもいいので、日記のようなものや自分の考え、いつも自分がやっている好きなことに関する内容を発信するだけでも、一度トライしてみてほしいです。

POINT

発信がアナタというブランドをつくる

発信なき活動は無意味

常識を疑う

世間で、〈常識〉と言われていることはたくさんあると思います。疑うといっても、疑問にさえならないことも多いでしょう。

むしろ、〈当たり前〉となっていることに対して疑問に思うことのほうが、難しいかもしれません。

しかし、常識となっていることに対して疑問を持つことで、違う視点で物事を見られるようになり、それまでの囚われた考え方から解放され、新しい視点をもつことが可能となります。

新しい視点をもつと、世間では常識となっていることでも、流されず新たなアプローチを可能にしたり、アイデアを生み出すこともできます。

例えば僕自身の場合ですが、中古車販売店として起業した当時は、中古車に保証をつけるなんて非常に珍しいとされていて、ましてや輸入車は対象外というのが、業界での常識でした。

しかし僕の中では、

「なぜ保証をつけないのか？　2年間の保証をつければ次回の車検時まで安心していただけるし、さらに下取額を保証すればずっと通っていただけるので、車の管理がしやすくて、お客様も次回のお乗り換えのプランを立てやすいはずだ」

という考えがあったので、2年間保証に加えて、業界初の〝下取優遇保証〟という乗り換え時に購入時の半額を保証するといった一見無謀とも思える保証をスタートさせました。

これが功を成して一気に売り上げが伸び、顧客数も増えました。

おかげでほとんどのお客様がお乗り換えしてくださるようになり、皆様と長いお付き合いをさせていただいています。

もし僕が常識に囚われていたら、この保証制度は生まれなかったでしょう。

つまり、一定の社会的価値観や慣習、思い込みに対して、「なぜ？」という問いを立てることで、新たな視点が生まれるのです。

POINT

常識に囚われてはいけない
問いを立てることで新たな視点が生まれる

流行を追わない

流行を追う人というのは、敏感で、時代の波に乗るのがうまいとも言えます。

一方、見方を変えると、移ろいやすいものに左右される人とも言えます。

流行に左右されない人というのは、その人独自の世界観を持っていて、周りの声に流されず、自分が好むファッション、仕事、趣味、車、アート、哲学、色、特技、香り、遊びなどで自分という人間を表現し、その人らしさを確立しています。

「Appleの創設者、スティーブ・ジョブズ」

と聞くと、多くの人が、スニーカーにデニム、黒のタートルネックを着ている姿をイメージされるでしょう。

彼は、そうしたスタイルを一貫させることで、〝らしさ〟を築きました。

これは、企業の場合でも同じです。

仮に、「スポーツカー専門店　コバヤシ」という中古車販売店があるとしましょう。

でも今はSUVが人気だからといって、「SUV専門店　コバヤシ」となり、さらに時代が流れて「旧車専門店　コバヤシ」と流行によってコロコロ変わると、本来の「車屋コバヤシ」のブランドイメージがぼやけてしまいます。

それなら昔から「旧車専門店」として一貫して取り組んできている企業のほうが、専門店としてのイメージが確立されているので、購入する場合の信頼感や安心感が全然違うと思います。

この一貫性というものがアナタの信頼を築き、「〇〇ならアナタだ！」というイメージ（ブランド）を皆がもつようになります。

それだけ**流行を追わず、流行に左右されないのは重要なこと**なのです。

POINT

一貫性がイメージをつくる
流されないことが信用と信頼を生む

尖りを出す

「尖《とが》りを出す」というと、逆張りをしたり、奇をてらうといった、世間に対して突っ張っているようなイメージを持たれるかもしれません。しかし、〝尖り〟とはそうした意味ではなく、自分が信じた道を突き進むといった意味合いが強いです。

周りからすれば、そんな姿は一見すると変に映るかもしれません。

しかし、変でいいのです。世の中で成功者と言われる人たちは、皆、そのように言われてきました。

自分の信じた道を突き進むからこそ、その分野で圧倒的な個性や信用が育まれるものなのです。

ちなみに、〝尖りを出す〟というのは、自分の考えの押しつけではなく、傲慢とも全く違います。

傲慢とは、自分自身を過大評価して、他人を見下すような態度や行動をとることを指しますが、〝尖りを出す〟ということは、自分の意見を押しつけることなく、周りから見て、あなたの信念が感じられる、または「○○といえばあなただ！」と言われるほど、その分野や考え方に関してあなたの存在が際立っていることを指します。


僕の例で言うと、保証制度を開始した頃に、「プジョー専門店」として展開していったことでお客様が一気に増えました。


しかしその反動で、クレーマーのようなお客様が増えたこともありました。

その際に、企業として、

「うちのルールを守れないお客様は、他の大切なお客様のご迷惑になるので、お取り引きをお断りします」

といった姿勢を明確に打ち出したのです。

その企業姿勢がお客様に伝わったことで、

「あのお店は理不尽なことには折れない」

「お客様を大切にしている」

という尖りが出たんですね。

そうした考え方や姿勢を貫くことが、先程の一貫性と同様、非常に大切です。

あなたが貫くほど、あなたの〝尖り〟に磨きがかかります。

POINT

尖らなければ刺さらない
刺さる人にだけ刺さればいい

妥協しない

たくさんの人と関わる中で、いろいろと妥協することがあるかもしれません。

他者との話し合いなどで、自分が歩み寄ることが必要なこともあります。

しかし、ここでいう〝妥協しない〞というのは、自分が信用されて依頼された仕事、頼まれごとに関してです。

例えば、あなたが信用している車屋さんに、大切な愛車の整備を依頼したとしましょう。

いつもは納車の時に洗車までして徹底的に仕上げてくれるのに、忙しいからとドロドロの状態で戻されたとしたら、どうでしょう？

あなたが車を預けた際に、
「忙しいだろうから、洗車までしなくていいですよ」
と伝えていたとしても、自分を大切な顧客としてではなく、少し適当に扱われた気になり、何だか整備まで手を抜かれたような印象をもたないでしょうか？

人間、**一度でも手を抜くと、信用を失ってしまう**ものです。

自分が頼まれたことについて、周りが何と言おうと、クオリティーや信用の維持に関して妥協してはいけないのです。

POINT

クオリティーが下がる妥協はしてはいけない
信用は、一度でも失うと二度と戻らない

STEP5

ファンづくりの極意その③
「関係性構築編」

自分にとって
都合のいい人とだけ付き合う

「人間関係は下心から始めてもいい」

同様に、関係性を構築する際には、自分にとって都合のいい人とだけ付き合うようにしたほうが、より深い関係性を構築しやすくなります。

下心があるのとないのとでは、関係性を育むスピードも違えば、深さも異なってくるのです。

例えばあなたが営業マンだとしたら、お客様になりそうな人と関係性を築いたほうがビジネスにも繋がりやすいのは、容易に想像できると思います。

それは上司や先輩といった、会社での人間関係も同じです。上司や先輩に気に入られれば、あなた自身も働きやすくなりますし、いろいろな助言をもらえますし、助けてもらいやすくなります。

つまり、仕事がしやすくなり、生きやすくなるということ。

「自分にとって都合のいい人とだけ付き合う」というと、「損得勘定で動いている」といった印象を持たれるかもしれませんが、これは損得勘定ではなく、**自分にとって都合のいい人は、相手にとってはあなたが都合のいい存在になる**ことでもあるので、両者にとって「win win」の関係になるということです。

例えばお客様からすれば、あなたは困った時に真っ先に相談ができて助けてくれる存在です。また上司や先輩からしても、あなたは自分の言葉を素直に受け入れて行動するので、かわいい部下・後輩となります。

つまり、自分にとっても相手にとっても良い状態に持っていける。

自分だけオイシイ思いをするためではなく、相手にとって大切な存在にもなるので、成果も出やすく、結果的にお互いにとって良い関係となるのです。

僕自身の経験で言うと、在庫のない車屋で、「営業に行って契約を取ってこい」と言われても、車を欲しがっている人がどこに居るのかわかりません。そのため、まずは話をする時間の合う相手を選び、会いに行っていました。

当時営業マンをしていた自分からすれば、とにかく仕事中に会ってくれる相手は、非常に都合がよかったのです。

都合がいいからこそ、マメに会うことができます。マメに会うことで信頼関係は増していきます。

具体的には、後述するような段階を踏んでいくことで、関係性を構築しやすくなります。

POINT

自分にとって都合のいい相手は、相手にとっても都合がいい
都合のいい相手ほど関係性を構築できる

相手の名前を呼ぶ

名前を呼ぶ、あらゆるところで言われている人間関係の基本のようなことですが、あえてお伝えしたいと思います。

相手の名前を呼ぶ・呼ばれることの効果は、体感すれば、スッと腑に落ちると思います。

例えばあなたに対して、

「○○さん（下の名前）、いつもすごいですよね」

と言われた場合と、

「いつもすごいですよね」

と言われた場合では、断然前者のほうが心に響くのではないでしょうか。

心理学にも、〈カクテルパーティー効果〉といわれるものがあります。

これは、ざわざわしているパーティー会場でも、遠くで自分の名前を呼ばれると反応するというもの。

自分の名前やあだ名などの聞きなれた音に、人は反応します。

つまり、**自分の名前というのは、その本人にとって特別な音であり、好意を伝え合う魔法のような言葉**でもあります。

だからこそ、話しかける際には相手の名前を呼ぶ。

会話の最中でも、わざとらしくない程度に、相手の名前を呼ぶことを意識してみてください。

それによって、あなたも無意識のうちに相手との距離感が縮まることを感じるはずですし、呼ばれた側もあなたからの好意を感じ、好意を抱くはずです。

POINT

名前で呼ぶことで距離感が縮まる
人は名前を呼ばれると好意を持つ

マンツーマンにこだわる

関係性を構築していく上で非常に大切なこと。

それは、相手のことだけを見て、相手のことだけを考える時間です。

マンツーマンの時間がなければ、関係性は深められないといっても過言ではありません。

なぜなら、人はコミュニケーションでお互いの理解を深めていく生き物です。

そのコミュニケーションをとる際に、他者がいると集中して相手のことを考えられないのです。

というのも、マンツーマンではない状態で話をすると、必ず他者の介入があります。

そうなると、他者の言葉によって、関係性を深めたい相手のことだけを深く考えることはできにくくなりますし、雑念も入ります。

相手のことだけを見て、相手のことだけを考えるためには、マンツーマンになり、お互いのコミュニケーションに没頭する必要があるのです。

僕は、「この人と仲良くなりたい！」と思った人には自分から声をかけ、必ずマンツーマンで会う約束にこぎつけます。

それは、営業マン時代から変わりません。

とにかく二人きりで会う。

1日24時間という限られた時間の中で、1対多数よりもマンツーマンにこだわるのです。

相手がどういう人で、普段どんなことを考えていて、どんな価値観をもっているのか。

それらを知るためには、そんな濃密な時間をもつことが、何より重要となるのです。

POINT

大人数では関係は深くならない
会う時は二人きりで会う

徹底的に褒める

人間、褒められて悪い気がする人はいないでしょう。

他者と関係性を構築する上で重要なのは、

「私はあなたの味方ですよ」

と相手を受容・肯定することで、相手に心を許してもらうことにあります。

相手からあなたに、

「この人は自分を理解してくれている」

という印象をもってもらうことが重要です。

例えば、あなたが第一印象で、

「この人、あまり好きなタイプではないな」

と思ったとしても、いざ話をしてみた時に、あなたのことを全面的に受け入れて肯定されたとしたら、どうでしょうか？

外見、内面的な部分、考え方や行動など、何かしらあなたのことを褒められると、少なくとも、その人に対する嫌悪感のようなものはなくなるのではないでしょうか。

とはいえ、何でもかんでも適当に褒めるのではなく、あなたから相手を見て、「すごいな」「素晴らしいな」と本当に思う部分を褒めてください。

相手を肯定していることを伝えるために、しっかりと、相手に抱く尊敬の念なども言葉にして伝えてください。

そうすると、はじめは「有難う」や、「そんなことないよ」とだけ言っていた相手も、次第にあなたに対して心を許した発言をするようになります。

具体的には、

「○○さんは本当にすごいですね！　いつも勉強になります！」

というあなたの言葉に対して、

「嬉しいです。でも実際には結構大変なことも多くて……」

といったように。

相手を肯定することで心の距離を縮めれば、そこからその人の悩みといった部分まで引き出せるほど、心が近づきます。

POINT

人は褒めてくれる相手に好感を持つ

人は褒められると悩みも吐き出す

他人の悩みを聞く

誰かに悩みを聞いてもらうと、それだけで心が軽くなったりします。

自分一人で悩み、考え込むのは辛くて苦しいものですが、誰かに話すことで楽になれたり、時には自分の考えを肯定してもらうことで自信をもって前に進むことができるようになるからです。

例えば、あなたが転職をするかどうかで悩んでいるとしたら、まずは家族や友達といった身近な人に相談するのではないでしょうか？

そう、本来悩み相談というのは、身近な人にだけするものです。

しかし、先述したように、人は自分を褒めてくれる人に対して心を許すと、自分の弱い点に触れ、愚痴や悩みといったネガティブな話もポロポロと出せるようになります。

これは、関係性を構築する上で、非常に大きなキッカケとなります。

あなたも誰かから悩みを相談されると、それだけ自分に心を開いてくれているように感じるのではないですか？

さらに**相手の悩みを聞くことで、相手の考え方や人間性といった部分まで、深く知ることができます。**

悩み相談をした相手からしても、親身に話を聞いてくれるあなたに対して、さらに好感を抱くことになるでしょう。

悩み相談の際に発する言葉というのは、悩んでいる本人にとっての本音でもあります。

人間関係がうまくいかない大きな原因の一つは〝本音で話さないこと〟にあると言われているほど、人は他人に対して本音で話すことが非常に少ないのです。

つまり、本音を話すことで心の距離が縮まり、相手はあなたにより一層心を開いてくれるようになるのです。

POINT

人間関係がうまくいかない一番の原因は、本音で話さないこと

〝悩み〟こそ相手の本音

相手の〝好き〟を大切にする

どれだけ好きな相手からでも、自分の好きなアーティストや趣味を否定されたら、あなたはどう思うでしょう？　おそらくとても嫌な気持ちになるのではないでしょうか。

人は自分の好きなモノやコト、または自分にとって大切な人を大切にしてくれない相手のことを、好きにはなれません。

少し極端な例ですが、あなたにとても大好きな恋人がいたとしましょう。

その恋人にあなたの大切な友達を紹介したのに、「あの子、すごく性格悪そうだね」と言われてしまいました。友達を悪く言われて腹が立つ上に、自分には良い友達がいないと馬鹿にされているようで、一気に冷めるのではないでしょうか。

その逆で、「あの子、とても良い子だね！」と言われたら、あなたのことも人として素晴らしいと言ってくれているように感じるはずです。

つまり、相手の好きを肯定し、大切にしなければ、どれだけ深い関係性を築いたとしても、一気に崩れてしまうことがあるのです。

POINT

相手の〝好き〟を大切にしなければ、関係性は崩れる
人は自分の〝好き〟を肯定されると、自分を高く評価されているように感じる

期待値を超える

人は、無意識に期待や予測をして生活しています。

例えば、あなたが家族に「お風呂掃除をしてほしい」と頼んだとします。
おそらく「10～15分で終わるだろう」と、無意識に時間を予測するはずです。
それが、1時間たってもまだ終わっていなかったら、
「どれだけ長い時間やってるの!?」
となるのではないでしょうか?
それが無意識の予測です。
そんな無意識の予測に似ているのが、〝期待〟です。

例えば、予約困難な超人気店の鮨屋に行ったとしましょう。

「これだけ人気なのだからおいしいに違いない」

「どんなお鮨を出してくれるのだろう」

「どんな接客をしてくれるのだろう」

と、期待が高まるのではないでしょうか？


僕自身、営業マン時代から信頼関係を築くことに注力していたので、

「小林さんだから良質な車を引っ張ってきてくれるに違いない！」

というお客様からの強い期待を、ビシビシ感じていました。


相手の期待以下であればガッカリさせてしまう。

相手の期待通りであれば納得してもらえる。

相手の期待を超えれば感動させることができる。


常にそう思って、全力で期待値を超えるよう努めてきました。

お客様の期待値を超えたかどうかの判断は、お客様の反応です。

期待値を下回れば、お客様はもう二度と戻ってきてはくれません。

何度も期待値を下回ることがあり、自分を責めたことも数え切れないほどあります。

そして、それだけのお客様が離れていきました。

しかし、逆に期待値を超えることができれば、お客様は自分のファンになってください ます。

そうなると、少々のことで関係性が崩れることはありません。

今は僕の仕事の話でしたが、これは仕事に限らずプライベートでも同じです。

家族や恋人、友人の期待値を超える努力をすれば、相手にとってあなたはなくてはならない存在になっているはずです。

それだけ相手の期待値を超えることは、関係性をさらに深めていくため、絶対的な信用を手に入れるために必要なことなのです。

しかし、相手を選ばずに期待値を超える努力をしてしまうことは、逆効果となります。

どういうことか？

例えば、僕の会社から車を購入したことがないにもかかわらず、修理や整備など、その人が困った時だけ頼ってくるお客様に対して、相手の期待値を超えるよう努力をした場合、どうなるでしょうか？

間違いなく、僕が疲弊してしまい、自分が本当に大切にしたいお客様のために割く時間を奪われてしまいます。

まさに、創業期の僕自身がそうでした。

表現は悪いかもしれませんが、〝期待〟とは、相手が抱く〝理想の押しつけ〟でもあります。

だから、期待値を超えるように努力をするのは、本当に大切にしたい相手のためだけにしてください。

POINT

期待値を超えることで本物の信用ができる

期待値を超える努力をする相手は自分が大切にしたい人だけ

先に自分の話をしない

先にも述べたように、人は褒められたいし、話を聞いてほしい生き物です。

もしあなたが、その日嫌なことがあって気分が沈んでいる時に友達と出会い、その友達が楽しそうに自分の話をしてきたらどうでしょう？　穏やかに話し相手になれるでしょうか？

むしろ、その話の途中に割って入って、自分の話を聞いてほしくなるのではないでしょうか？

以前、僕が尊敬している経営者の先輩がいました。

その先輩も僕と同じように車屋として個人事業で独立されていたので、僕が悩んだ時は、いろいろと相談に乗っていただいていました。

しかし、先輩は人生でも経営でも僕より経験が豊富です。

経験が豊富なゆえに、僕が相談をしている途中で、その先輩の経験談にすり替わることが多々ありました。

相談をしておきながら、こんなことを言うのもおこがましいのですが、毎回、こちらから聞いてもいないのに、先輩の武勇伝や、いかに自分は優れていて、これまで苦労して人生を這い上がってきたのか、といった話になることが続いたため、その先輩とは疎遠になりました。

理由は単純です。

「自分の話に興味を持って耳を傾けてくれなかったから」

正しくは、僕自身が、

「自分のことを大切に思ってもらえていない」

と感じたからに他なりません。

つまり、僕は先輩の話に興味がなかったわけではなく、嫌だったわけでもなく、まずは悩んでいた自分の話を聞いてほしかった。
嘘でもいいから、心配しているフリをして、聞いているフリでもいいから、まずは聴く姿勢を見せてほしかったのです。

人は、自分という人間を他者から、どれだけ大切に思ってもらえているかに重きを置いています。

そうした経験から、絶対に相手の話を中断させて自分の話をしてはいけないということを学びました。
自分の話は最後。まずは相手からです。

POINT

相手の話に割って入ると人は離れる
自分の話は最後。まずは相手から

頼みごとをしてみる

人に頼みごとをすると、面倒くさがられたり、嫌がられたりするのではないか　と思いがちです。

しかし、「人は頼みごとをしてきた相手に対して好意を持つ」ということをご存じでしょうか？

人は誰もが、〝他人から必要とされたい〟、〝役に立ちたい〟と思っています。

普段から意識している・いないは別として、本能的にそうした欲求があります。

頼みごとをするのは、相手を信頼している証拠です。

頼られるということは、「あなたを信頼しています」と同じなので、頼まれた側からすれば、好印象を与えます。

僕が営業マンだった頃は、最初は相手の悩みから聞き、次は自分の悩みを聞いてもらうということを意識的にしていました。すると、相手は自分の悩みを僕に話すときは暗い表情をしていたのに、僕が悩みを話している時は、前のめりになって「どうにかしたるで！」くらいの勢いで、「うんうん」と、親身でありながらも、非常に優しさが溢れた表情で聞いてくれるのです。

その表情と姿勢からは、活力さえ感じます。

それは、自分が人の悩みを聴くことで、相手から必要とされ、相手の役に立っているという、他者に対する貢献感を実感しているからです。

悩みごとに限らず、関係性を構築したい相手には、小さな頼みごとをするだけでも、相手からの印象が良くなります。

POINT

人は他人の役に立ちたい欲求がある
自分を必要としてくれる相手を好きになる

10人に相談してみる

あなたが、自分で飲食店を始めたいと思ったとしましょう。

その時、知人に、

「飲食店を経営したいと思っているんだけど」

と相談した場合、

「どんな飲食店をするの？」

「いつくらいにお店をやりたいの？」

「どこでやりたいとか考えてるの？」

といったふうに、たくさん質問されるでしょう。

でも、同じ話を10人目にする頃には、より具体的な内容になっているはずです。

どういうことか？

僕が、今のジム事業を始める前に、「キックボクシングジム事業を始めたいな」と、漠然と考えている時期がありました。

僕は思ったことをブログに書く性格なので、早速書いたところ、

ブログをご覧になった方から、

「いつやるの？」

「会費はいくらくらいですか？」

「シャワールームはあるの？」

というように、さまざまな質問をいただきました。

初めはただ漠然と「キックボクシングとパーソナルジムを融合させたジムができればいいなぁ」くらいにしか思っていなかったので、

「キックボクシングとパーソナルを融合させたジムを来年くらいにできればいいなぁと思っています」

と回答するのが精いっぱいでした。

しかし、そんな会話も10人目くらいの頃には、

「小林さん、以前ブログで書かれていたジムはどんな感じのジムですか？　興味があるの

で教えてください」

と尋ねられた際に、

「運動不足で痩せにくさを実感している30代以上の方がメイン・ターゲット。パーソナルジムは筋トレだけでもの足りない、運動するならキックボクシングなどの格闘技を学んで楽しみたいけど、キックボクシングは未経験だし、大勢の人がいるジムで若い人たちとトレーニングをやるのは気が引けるといった方を対象に、来年の4月に、キックボクシングとパーソナルトレーニングをマンツーマンで指導してもらえる貸し切りタイプのジムをOPENします。着替える部屋は男女別であり、シャワールームはありません。コースは3コースあり、週に1回だけのプランの場合は月額3万円で設定しています。そんな少し単価の高いジムなのですが、今はロゴをどうするかで悩んでいます」

と、明確に答えることができました。

他者に相談することで、10人いれば10通りの意見や問いが出てくるため、あらゆる見方ができる上に、自分の考えがまとまってくるのです。

POINT

1人に相談するだけでは世界観も知識も増えない
10人に相談することで俯瞰することができ、考えもまとまる

STEP6

行動と関係性が心豊かな人生をつくる

手段に囚われている現代人

現代人は大切なものを見失い、手段に囚われている人が多いのではないでしょうか。

例えば、〝ファン〟と呼べる人をつくるためだけに限らず、お金を稼いでいくためには、何かサービスや作品といった商品を生み出し、そこに付加価値をつけていかなければならない、と考えがちです。

確かにそうした販売できる商品（コンテンツ）があれば、手っ取り早く売れて、ファンをつくりやすいかもしれません。

しかし、経験値が少なくて、手持ちの資金も少ない中では、新しい商品を生むことは難しいでしょう。

そうなると、手っ取り早く売れている人の真似を始めます。

例えば、YouTubeやInstagramなど、人気のある動画の企画を真似して投稿する人も少なくありません。

僕たちのような車販売業でも同じで、売れる車があれば、すぐに同じ車を仕入れて販売するという会社がたくさんあります。

しかし、それでは常に手段を追い求め続けなければなりません。

売れるサービスや作品を生み出すこと以上に大切なのは、〝人と人との心の繋がり〟なのです。

それこそが、〝青天井の商い〟を可能にし、心豊かな人生を生むということを忘れてはいけません。

僕が在庫のない車屋で営業マンをしていた時、先述したステップを踏んで、Aさんというお客さまと関係性を築いてきていました。もちろん最初は〈下心〉がありましたが、気づけば真剣に「Aさんのため」を考えるようになっていて、ビジネスを超え、真剣に取り組みました。

そうした気持ちや姿勢は、相手に伝わります。

すると、相手も同じように自分のことを考えてくれるようになるのです。

後日、Aさんが働いている会社（洋菓子店）の上司を紹介してくれました。

「車検や修理、車を購入したい時は僕に声をかけてください！」

そんなふうに、社内で宣伝してくれていたそうです。

「Aが小林さんのことをすごく宣伝していましたよ（笑）。あれだけ信頼されている小林さんはすごいし、羨ましい関係ですね」

と、言ってくださって、僕も期待値を超えるよう努めた結果、その上司の方にも大変喜んでいただけました。

その方からも、さらにはAさんからも新たにお客様をご紹介いただき、まるで数珠つなぎのように仕事が増えていきました。

僕自身もAさんの会社のケーキを毎週購入しては、自分のお客様に宣伝するほど、Aさんのファンになっていました。

このように、営業マン時代は、他者と関係性を構築していくことで、ビジネスに繋がっていきました。

ここまでは、単なる車屋の営業マンとしての成功体験話に聞こえるかもしれません。

しかし、気がつけば、車の仕事だけではなく、車の仕事からＨＰ製作、ブランディングについてのご相談、集客やマネジメント、さらには法律の相談までいただくようになりました。

もちろん僕自身で対応できることもあれば、できないこともあるので、僕がお世話になっている方をご紹介させていただくこともあります。

関係性や圧倒的な信用があれば、たくさんの人から頼られるようになり、それがビジネスの広がりに繋がっていくのです。

POINT

商品を売ること以上に大切なものがある
圧倒的な関係性はあらゆるビジネスを可能にする

関係性のない商いは飲み込まれる

ここでいう〝商い〟とは、ビジネスモデルのことを意味します。

例えば、あなたの行きつけの居酒屋Aがあったとしましょう。

そこでは生ビール1杯500円、お刺身の盛り合わせが1200円で売られていたとします。近隣に競合するような居酒屋もなく、非常に繁盛していた場合、必ずといっていいほど、同じようなビジネスモデルの居酒屋が近隣にできます。

競合店が来るわけです。これを居酒屋Bとします。

居酒屋Bでは、生ビール1杯350円で、お刺身盛り合わせも780円。

行きつけの居酒屋Aよりも安価で、店内も綺麗だし、居酒屋AにはないメニューまでB

にはある。


そんなお店ができたら、あなたならどうしますか？

これまでの行きつけだったAから、Bに行くことが増えるのではないでしょうか？

もしあなたとAのオーナーが、それなりに仲が良い関係性だったとしても、価格面でもメニューの面でも、Bに行きたくなりませんか？


そうなると、それまで繁盛していたAは価格を下げるか、メニューを変えるか、あの手この手で競合店に負けじと努力をするでしょうが、結局のところは、価格競争に巻き込まれてしまいます。


儲かるビジネスモデルというのは、必ず真似されます。

どれだけ良い商品を取り扱い、良いサービスを提供していても、うまくいけばいくほど、自分たちよりも資本のあるところが介入してきては、真似されるのです。

そしてそれだけではなく、商品・サービスともに居酒屋Aよりも勝る状態で、満を持してオープンさせるのです。

もしあなたがAのオーナーだったらどうしますか？

おそらく、ものすごく焦るのではないでしょうか？

僕自身の経験談になりますが、以前のフロンティア・コバヤシは、創業前の〝在庫のない中古車販売〟というスタイルとは真逆で、フランス車を中心とした在庫車を並べて、全ての在庫車に、〝2年間保証〟と、〝下取優遇保証〟という「次回乗り換え時に、購入時の車輛価格の半額を保証する」といった、業界でも初めての保証制度を制定し、それらをつけて販売していました。

当時は、フランス車ばかりを取り扱っている車販売店は大阪府内ではありませんでした。

さらに手厚い保証がついているということが、これまで輸入車に乗ったことがないユーザーに大ウケし、常時在庫が20台ほどのうち、毎月10〜15台もの台数が売れていました。

当然、売り上げも前年対比２００％の年もあったほどで、毎年右肩上がりで、「ノウハウを教えてください」と、関東や中国地方といった遠方から、わざわざ僕に会いにきてくださる同業者の方もいらっしゃいました。

この頃の僕は、

「車売るのは簡単やなぁ」

と、天狗になっていました。

しかし、売れていくにつれて、お客様からのクレームは増え、従業員も疲弊していきました。

なぜか?

当時は、先に在庫を並べ、保証をつけて販売するという集客法で営業していたため、以前の〝関係性ありきの商い〟ではなく、〝商品とサービスありき〟といったものになっていたのです。

あまりに忙しいと疲弊し、ミスも出てきます。そうなると当然クレームになり、従業員のやる気は下がる一方。給与をアップさせたところで、嬉しいのはその瞬間だけで焼け石に水状態。

売り上げはどんどん伸びているのに、誰一人として幸せそうではなく、むしろ不幸な状態だったのです。

「このままではダメだ!!」と、創業前のように関係性に重きを置いたやり方に方向転換するため、30台近くあった在庫を5台にまで減らし、お客様や業者様との関係性を再構築する方針へと変えました。

もちろんすぐに結果が出るわけではないので、翌年は売り上げも大きく落ち込みましたが、翌々年からその効果が出始めました。

在庫を販売するのではなく、お客様からご注文をいただいてから、お客様の欲しい車を販売させていただくといった「ご注文販売」という方法がお客様からも支持され、大きく利益を伸ばすことができるようになりました。

そしてちょうどその頃、フロンティア・コバヤシのようなフランス車を多く取りそろえる車販売店も出てき始め、近隣でも〝下取優遇保証〟を模倣した保証を取り扱う店舗が出てきました。

つまり、関係性を構築していなければ、先程の居酒屋Aのように、大手の企業が参入してくると、サービスや商品では到底太刀打ちできなくなります。

しかし、関係性を構築していれば、サービスや商品といった機能的価値を超えた、情緒的価値を提供することができるのです。

特に今は、あらゆるサービスや商品に大きな差がなくなってきています。

そんな中で**他との圧倒的な差を築くのは、そうした機能的価値ではなく、情緒的価値しかない**と言っても過言ではないのです。

これは、あくまでも自分に売る商品がある場合の事例ですが、先述したように、自分にお金や知識、経験がなくても、関係性を築くことによって、何かしらの媒介者になることでビジネスにすることも可能になるのです。

その逆で、どれだけ良い商品でも、関係性がないビジネスは真似され、飲み込まれて終わります。

POINT

ファンのいないビジネスは真似されて終わる
サービスや商品を磨くことよりも、お客様をしっかり見る

SNSの評価やフォロワーに価値はない

今はSNSでのフォロワーや「いいね」の数、登録者数や再生回数などで、承認欲求を満たし、自己肯定感を高めている人も多いのではないでしょうか。

「いいね」がつくことで喜び、なければ凹む。

登録者数が増えれば喜び、減れば凹む。

動画の再生数が伸びれば喜び、少なければ凹む。

そうした数字で一喜一憂している人は、自分の〝長所〟〝短所〟と向き合わず、他人の評価の中で生きているように思います。

有名なユーチューバーの方が、客観的に自分を見ることができず、勢いで失言をしてしまい、後に非難を浴びて謝罪するといったような事態もありますが、あれもまさに、他者からの評価が高いことで満足してしまい、自分自身のことが見えなくなっているからでしょう。

自分が生きやすい世界を選ぶことは大切ですが、自分の発言が、良いも悪いも関係なく全て肯定される世界では、俯瞰することができなくなってしまいます。

逆に、フォロワーが少なかったり、再生数が少ないからといって、あなたの価値が低いわけではありません。

むしろそうした数に囚われる時間を過ごすことは、他者に依存している状態であって、自分の考えが軸になっていません。自分の限られた人生をその状態で過ごすのは、あまりにももったいないです。そんな**他者評価に左右されるよりも、まずは自分と向き合うことが大切**です。

そして、自分と向き合うためには、他者との関係性を築いていくことがポイントとなってきます。

人は、他者と向き合うことで〝自分〟が見えてくるのです。

SNSのような不特定多数のフォロワーは、本当の意味であなたのファンではありません。あなたが本当に困った時、助けてほしい時、どれだけのフォロワーが助けてくれるでしょうか？

僕が「キックボクシングジムをオープンする！」と、張り切っていた当時、

「オープンしてくれたら行きます！」

「自分も通います！」

といった言葉を、15名以上のフォロワーさんが言ってくれていましたが、実際に来てくれたのは、わずか2名。

オープン当時はコロナ禍の真っ只中ということもあり、あまり良いスタートを切れませんでした。そんな苦しい時に支えてくださったのが、リアルに関わっている人、特にフロンティア・コバヤシの顧客様でした。

結果的に、リアルに関わっている人たちが20名以上入会してくださいました。

正直、それまではSNS上で、「いいね」返しやコメントをすることも、関係性を築く

上で重要だと思っていましたが、この時の経験で、その考えはなくなりました。
改めて、「目の前の人を大切にする」ことの重要性を痛感したと同時に、

「この人のためにやりたい！」

という使命感のような思いが湧いてくるほどの関係性を築かなければ、意味がないことも実感しました。

つまり、他者と向き合うことで、自分のやりたいことやミッションのようなものが出てきて、おのずと自分という人間が見えてくるということです。

POINT

単なるフォロワーはあなたを助けてはくれない
目の前の人を大切にすればミッションが見えてくる

「他者のため」は「自分のため」

先程紹介した書籍『GIVE & TAKE「与える人」こそ成功する時代』（アダム・グラント著）では、〝自己利益のためではなく、周囲を良くするための本質的な行動（ギブ&ギブ）が結果的に自分が成功する可能性を高める〟といった内容が書かれています。

「他者のためは自分のため」

これは、先義後利というよりも、**与えることで〝共に幸せになる幸せ〟が、ギブ&ギブの真意**であるということ。

そしてもう一つの意味は、先述したように他者に与えることで自分のミッションや存在価値、存在意義が見えてくるということです。

よく、「自分探し」や「やりたいこと探し」といった言葉を耳にしますが、自分のことばかりを考えている人が、心豊かな人生を送れるでしょうか？

自分のために努力する人には、その人の個人的な思いや夢に共感を得られれば、ある程度までは、応援してくれる人も現れるでしょう。

しかし、自分のためだけではそれ以上の応援者は現れず、結局のところ自分自身も満たされません。


例えば、ボランティアで大きなことをしようと思い、周りに声をかければ、最初はその思いに共感した協力者が集まるでしょう。

しかし、ボランティアのままでは疲弊してしまうケースが多いのです。

目の前の人（協力者）のことを第一に考えなければ、続けられません。


当然ながら、「自分のことを考えてはいけない」とか、「ボランティアをしてはいけない」という意味ではありません。

自分の幸せや成功を考えるからこそ、自分のことだけを考えていてはいけないのです。

自分の幸せや成功を考えるのであればこそ、下心をもってでも他者と向き合っていく。

他者と向き合う中で、気がつけば相手のことを真剣に考えるようになっていくという過程が、非常に重要なのです。

POINT

目の前の人を幸せにすることが、初めの一歩
〝共感〟には限界がある

スキル×キャラ×信用は必須

今は誰でもどこでも簡単に情報が手に入るようになり、情報格差はなくなってきました。ググればおいしいごはんが作れるし、素人でも車の故障原因や整備方法がある程度わかったりもします。

さらには、チャットGPTなどのAIの登場によって、アイデアや文章力といったクリエーティブな部分でも、短時間でさまざまな新しいものを生み出すことができるようになりました。

マーケティングやビジネスモデルにも長けています。

そんな時代になった今は、情報はある程度手に入るため、スキルにも大差なくなってきました。とはいえ、実際のところ、経験を積まないと身につかないスキルは存在します。

やり方は理解できても、実際にやれるかどうかは別の話です。

この〝経験を積まないと身につかないスキル〟を身につけることが必要となってくるのですが、これからの時代に必要なスキルは二つあります。

一つ目は、**〝あなた自身の好きなことや得意なことを磨く〟**。

二つ目は、**〝他者の問題意識を自分ごとにする〟**。

一つ目の〝好きなことや得意なこと〟がなければ、無理に探す必要はありません。いずれ他者と関わる中で出てきます。

二つ目に関しては、先述した通り、〝気がつけば他者のことを考えている状態〟ですね。これには〝相手の話を傾聴し、共感する力〟が必要となるので、ただただ他者の話を聞いたからといって自分ごとにはなりません。訓練が必要となります。

その訓練に必要かつやりやすいステップを【関係性構築編】でまとめていますので、是非やってみてください。

とはいうものの、スキルだけでは難しいものがあります。

なぜなら、あなた以上にスキルのある人はたくさん存在するからです。

そこに加えて必要となってくるのが、〝キャラ〟と〝信用〟です。


〝キャラ〟は、その名の通り〝キャラクター〟のこと。

あなたの周りにも、「明るくてよく笑う人」や、「人懐っこい人」などいませんか？

そうしたキャラがその人のイメージとなります。また、イメージがキャラとして定着します。

あなたの人間性や言動によって周囲に与えるイメージがキャラとなるのです。

キャラが暗かったりすると、誰も一緒に遊びたくもなければ、働きたくもなりません。

逆に人懐っこくてかわいがられやすいキャラの人は、「あの人のために」と他者が力になってくれることもあります。

つまり、キャラが良いだけで運も引き寄せるようになります。

そして、**もっとも大切なものが、〝信用〟**です。

〝信用〟は、一朝一夕で得られるものではありません。

〝スキル〟と〝キャラ〟は自分の努力次第でどうにでもなるものですが、〝信用〟は、他者から信用される行為の積み重ねでしか得られません。

ここで、〝信用を得るために必要な行動〟をご紹介したいと思います。

①嘘をつかない。
②約束を守る。
③時間を守る。
④相手の話を聞く。
⑤会話の内容を忘れない。
⑥愚痴や悪口を言わない。
⑦感謝と謝罪の言葉が言える。
⑧何ごとも他責ではなく自責で考える。
⑨自分をオープンにする。（弱みを出す）

⑩言い訳をしない。

【関係性構築編】でも述べていますが、こうした**当たり前のことを当たり前に徹底して行うことの積み重ねで、〝信用〟を得ることができます**。

当然、逆のことを一度でもしてしまうと、信用を失ってしまいます。

また、信用は、自分が意図していないところで失うこともあるのが怖いところです。

僕が行っている輸入車販売や整備事業の場合、希少な輸入車を扱っているため、他府県などの遠方からのお客様もいらっしゃいます。

販売した車は、万全な整備をしてから納車するのですが、納車後に不具合が起こり、当店まで来るのが難しいという場合は、お客様の最寄りの整備工場に入庫していただくケースがあります。

その際に、「この部品中古ですし、交換されていないどころかキッチリ整備されていませんよ」とその整備工場の方から言われたりすると、当然お客様は不信感を抱きます。

実際には部品を新品に交換し、整備をしていたにもかかわらず、です。

その場合は、もちろんお客様からコチラにクレームが入るのですが、実際に車を点検した整備工場に繋いでいただき、話をすると、その整備工場の診断ミスだったというケースがありました。

実際には別の箇所が原因で不具合が起きていたのですが、その整備工場の担当者が不用意に「キッチリ整備されていない」とお客様に伝えていたことがわかったのです。

これは、情けないことに車業界あるあるでして、他社を下げて自社に引き込むといった流れは昔からあるものです。

しかし、そんなことはお客様には関係ありません。

激昂して、怒鳴ってクレームを入れた手前、弊社から離れたお客様もいますし、今も変わらず来てくださっている方もいらっしゃいます。

しかし、先程申し上げたように、実際にそうした不具合があっても、コチラに連絡をされずに離れてしまったお客様もいたと思うのです。

つまり、どれだけ自分が他者から信用してもらうための行動を心掛けていても、自分の意図していない不可抗力のようなもので、信用を失うことがあるのです。

もう一つ、実際にあった話です。

昔、フロンティア・コバヤシに、アルバイトから正社員まで約3年半働いてくれていた20代男性・若手スタッフの木下君（仮名）がいました。彼は非常に素直で真面目、かつ主体的に仕事に励みながら、毎日朝一番に僕が出社するタイミングを狙って出勤してきては、

「こんなことをやろうと思うのですが、社長はどう思われますか？　社長の考えを教えてください！」

「25歳までに、ここで店長を任せてもらえるようになりたいんです！」

という具合に、毎日朝礼が始まる前の小1時間は、僕から学べることは学ぼうという姿勢で、非常に勢いのある素晴らしい従業員でした。

そんな彼を、毎週のように食事に連れていったり、研修に連れていったり、僕もとてもかわいがってきました。

そんな木下君から、

「社長についていけなくなったので、辞めます」

と、突然の退職宣言をされたのが某年の年末。

あまりに思いがけないことで、彼の言葉がよく理解できませんでした。

「なぜ、突然僕についてこられなくなったのか？」

と尋ねると、

「社長のことが信用できなくなりました。社長が僕のことをバカにしているのも知っていますし、役立たずだと思っていることも知っています。だから辞めます。それ以上は聞かないでください」

という回答でした。そんなことを言ったこともなければ心当たりもない僕からすれば、もうわけがわかりません。

納得がいかず、

「わかった。残念やけど、木下君が辞めたいなら仕方がない。でも頼むから最後にその理由だけ教えてほしい」

と、なぜ僕のことが信用できなくなったのかを追及し続けると、それまで頑なにその理由を話すことを拒んでいた彼の答えは、

「横山さん（仮名）から、全てそのように聞きました」

というものでした。

それを聞いた僕は、耳を疑いました。

なぜなら、横山君は彼の同僚で僕の部下であり、僕もまた彼のことを信用していたからです。

「そんな横山君が、なぜそんな嘘を？」

と、頭が混乱したのを覚えています。

後になってわかったのは、横山君からすれば、〝木下君が社長からかわいがられていることが気に食わなかった〟という理由で、木下君を傷つけ、辞めさせるためにそうしたありもしない話をしていたということでした。

横山君からいろいろと話を聞かされて、半信半疑で悩んだ木下君が、苦しさのあまりに相談したのが、僕もよく知っている東谷さん（仮名）という人物でした。東谷さんは僕が初めて中古車販売営業をさせていただいた会社の社長で、僕にとっては中古車販売の師匠でもあり、独立起業の際にバックアップしてくれた恩人でもあります。

その東谷さんに相談をした際に言われた言葉が、

「小林君が悪いわ。彼ならあり得るよ」

というものだったそうで、それによって木下君の僕に対する信用が一気に崩れ落ちたのです。

ここで言いたいのは、東谷さんや横山君が悪いということではなく、**人の信用というものは、第三者の悪意によっていとも簡単に崩れ去る**ということです。

しかし、思い返せば僕自身にも思い当たる節はありました。

それは、木下君のことを悪く言ったというものではありませんが、腹が立った時に、思わず愚痴を口にしていたことがあったのです。そうしたこれまでの行動が、第三者の介入によって、より一層不信感を強め、確信に変えやすくしてしまっていたということです。

そのため、それまでの言動によって、「あの人ならあり得るかもしれない」と思わせてしまうことに原因があるのだと身をもって思い知りました。情けない話ですが、僕自身の言動が招いた結果です。

〝信用〟というものは、築くことは大変なのに、失う時は一瞬です。

だからこそ、先程述べた〝信用を得るために必要な行動〟を徹底してほしいのです。

信用を築くためには、日頃の言動による影響が大きく、細心の注意を払う必要があるのです。

また、会社経営や営業という仕事をしていると、たくさんの人と出会う機会があります。たくさんの人と面接もしてきましたが、〝スキル〟と〝キャラ〟だけの人は、起爆剤のようにその瞬間は結果を出すものの長続きしません。

必要とされる人というのは、「この人なら間違いない」という信用を持ち合わせているものです。

僕自身、経営者の仲間も多いのですが、彼らからよく聞くのは、今の時代、企業が求人募集をしても思ったように応募もなく、「良い人材が来ない」、「来てもすぐに辞める」と嘆いている声ばかりです。

そうなると、企業としては、〝人を雇用せずに持続可能な経営手法〟に舵取りをしていきます。

従業員を雇用せずに、主の部分だけコアのメンバーで行い、他はアウトソースしていく流れになっていっているのです。

ＡＩの出現で、こうした流れはどんどん加速しています。事実、僕が運営している事業でも、パートを雇用せずに電話代行会社を入れています。わざわざ求人広告を出してパートを雇用するよりも、電話代行会社に依頼するほうがミスもなく、教育も必要ないためコストもかかりません。さらに愚痴や文句も言わないとなると、アウトソースするほうが、運営企業としてもお客様にとってもメリットしかないので、やらない手はないのです。

話を戻しますが、これからの時代は〝スキル〟と〝キャラ〟に加えて〝信用〟を身につけることで、〝主の部分をコアメンバーで行う〟と申し上げたように、**「アナタと一緒にやりたい！」と思われることが何よりも重要**です。

言い換えると、企業でも個人でも、何か事業を始めるとなった際に、〝スキルは真似できる〟となると、〝誰とやるか〟が非常に重要となるからです。

POINT

〈スキル〉×〈キャラ〉×〈信用〉が求められる
選ぶのも、選ばれるのもあなた次第

カタチから入れば心がついてくる

これまで散々、「関係性が大切」、「心の繋がりが重要」と言いながらも、その方法となるカタチばかりをお伝えしてきました。

実は、カタチから入ることで、心がついてくるようになります。

例えば、〝武道〟では、「守《しゅ》・派《は》・離《り》」という言葉があります。

「守」は、師匠に教わった「型」を徹底的に守り、真似をすることから始まります。

「破」は、師匠の教えに従って修業を重ね、その過程で新たな学びや気づきを得て、既存の「型」を破ることができるようになるというもの。

「離」は、さらに修業を重ねることで、師匠から教わった最初の型ではない自分独自の型ができ上がるというものです。

最初に述べたように、下心ありきで始めても、その過程でさまざまな気づきや学びを得ながら、相手を思う心ができていきます。

それが〝想う〟ということ。

その行動によって相手を、そして自分をも心豊かにすることができるということです。

自分に自信がなかったり、仕事もプライベートもうまくいっていない中で、いきなり、「他人の幸せを考えましょう」

というのは無理があります。だからこそ、まずはカタチから入る。

カタチ通りにやっていくことで、おのずとあなたのファンができます。

ファンができることで、自己肯定感は高まり、自信がつきます。

自信のある人に、人は魅力を感じます。

その〝魅力〟こそ、あなたの人生を心豊かにしてくれるものになるのです。

POINT

カタチを知らなければ意味がない
カタチがあなたの魅力を引き出す

おわりに

最後まで読んでいただき、ありがとうございました。

「ファンづくり」と言われて、すぐにピンとくる方は少なかったかもしれません。

ここで言う〝ファン〟とは、〝あなたのことを応援してくれる人〟に間違いはありませんが、ただ単に応援してくれるだけではなく、〝あなたも応援したくなる人〟、つまり、〝本気で信頼し合える仲間〟を意味するのです。

この**能動的に相互にギブし合える〝ギバーの関係性〟こそが、本物のファン**といえるでしょう。

最近は、SNSで、あることないことを発信し、自分を信じてくれているフォロワーを騙してお金儲けをするインフルエンサーなどが問題になっています。

さらに、変化が激しい時代の流れのためとはいえ、自分たちの都合で、従業員を退職に追いやっていく企業も増えているようです。

そのように、自分たちの都合でお金に振り回されている企業やお店、個人が増えれば、世の中がどんどん悪い方に流れていくのは容易に想像できます。

自分のことばかりを考える人で溢れてしまい、この世の中はめちゃくちゃになってしまいます。


とはいえ、お金に余裕もなく、自信もなく、日々悶々としながら生きていると、他人のことなんて考える余裕はないでしょう。

まさに僕自身がそうでしたから、その気持ちは、とてもよくわかります。

「自分に余裕ができたら、他人のために動ける」

と考えるのが普通だと思います。

しかし、人間が最高の幸福を感じるのは、〝他者に貢献した瞬間〟なのです。

自分たちが生きていくために、お金を稼ぐ能力を身につけるなど、努力することも大切ですが、その手段に囚われてはいけません。

何をするかというのは手段であって、目的は心豊かになることのはずです。

誰もが幸せになりたいのです。


人として心豊かになれるのは、「何をするか」よりも、「誰とするか」。

人は一人では生きることができません。

私たち人間は、他者とともに生かし合う、社会性ありきの動物なのです。

だからこそ、相手を敬い、思いやる気持ちが大切。

そうした **〝想い合い〟のできる人たちの輪が広がることで、心豊かに生きられる社会になる**と、僕は本気でそう思っています。

ですので、最初は下心があっていい。

いや、むしろ下心から始めることで、真剣になることができます。

真剣にファンづくりをしていく過程で、あなたが変わっていくことをあなた自身が実感するはずです。

そして、そんなあなたの魅力を、大切な人たちが引き出してくれます。

是非一度、騙されたと思って、本書の内容を実践してみてください。
そして、相手を想う心を育んでください。
あなたが変われば社会が変わります。
社会が変われば、次を担う若い世代も変わるのです。

2023年6月

小林　大地

著者紹介

小林大地（こばやし・だいち）

株式会社アースライト代表取締役

1983年、和歌山に生まれる。2005年〜2006年、河内長野市社会福祉協議会にて、サービス提供責任者兼ヘルパーとして従事。2006年〜2008年、中古車のオークション会場で査定士として従事。2007年〜2008年、上記に加え、スポーツカー専門の中古車販売店に営業職として従事。2008年〜2009年、販売車輌を在庫として展示していない中古車販売店にて営業職として従事。2009年3月、中古車販売店「フロンティア・コバヤシ」を創業。2011年1月、株式会社アースライト設立。2019年4月、「mimi保育園」開園。元フロンティア・コバヤシの女性スタッフが園長に就任。2020年9月、キックボクシング&パーソナルジム「my place GYM GROW」をOPEN。2022年1月、パーソナルジム事業も軌道に乗りトレーナーにジム運営権を譲渡。2023年4月、全国で初となる輸入車の車検専門店「輸入車車検専門店Conti」を開業。

あなたの仕事《しごと》・人生《じんせい》を好転《こうてん》させる

「ファン」のつくり方《かた》

〈検印省略〉

2023年 8 月 10 日 第 1 刷発行

著　者――小林 大地（こばやし・だいち）

発行者――田賀井 弘毅

発行所――株式会社あさ出版

〒171-0022 東京都豊島区南池袋 2-9-9 第一池袋ホワイトビル 6F

電　話 03 (3983) 3225 (販売)

　　　 03 (3983) 3227 (編集)

F A X 03 (3983) 3226

U R L http://www.asa21.com/

E-mail info@asa21.com

印刷・製本 萩原印刷 (株)

note http://note.com/asapublishing/

facebook http://www.facebook.com/asapublishing

twitter http://twitter.com/asapublishing

ISBN978-4-86667-627-2 C0030